PIANO · VOCAL · GUITAR

THE POLICE
ANTHOLOGY

ISBN-13: 978-1-4234-4670-5
ISBN-10: 1-4234-4670-4

HAL LEONARD®
CORPORATION
7777 W. BLUEMOUND RD. P.O. BOX 13819 MILWAUKEE, WI 53213

Visit Hal Leonard Online at
www.halleonard.com

FALLOUT

Words and Music by
STEWART COPELAND

never thought of lead-ing, I've got_____ my own ma-chine, and I've paid_____
saw my e-du-ca-tion, it was my in-doc-tri-na-tion just to

Instrumental

CAN'T STAND LOSING YOU

Music and Lyrics by
STING

Steady beat

Called you so man-y times to-day ___ and I
See you've sent my let-ters back ___ and my

guess it's all true what your girl-friends say that you don't ev-er want to
L. P. rec-ords and they're all scratched. I can't see the point in an-

see me a-gain ___ and your broth-er's gon-na kill me and he's six- foot- ten. I
oth- er day ___ when no- bod- y lis- tens to a word I say.

To Coda

NEXT TO YOU

Words and Music by
STING

ROXANNE

Music and Lyrics by
STING

Moderately fast

Rox - anne
loved you since I knew ya

You _ don't have to _
I

_ put on the red light _
would-n't talk down to ya _

those days are o -
I have to tell you just how I

TRUTH HITS EVERYBODY

Music and Lyrics by
STING

HOLE IN MY LIFE

Music and Lyrics by
STING

SO LONELY

Music and Lyrics by
STING

So lone - ly, ___

so lone - ly, ___ so lone - ly. ___

Repeat and Fade | **Optional Ending**

MESSAGE IN A BOTTLE

Music and Lyrics by
STING

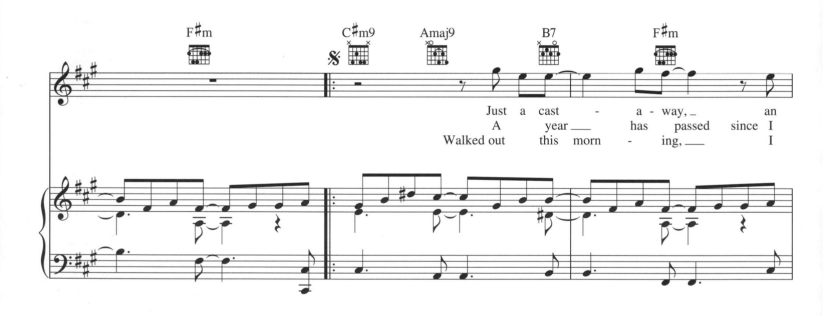

Just a cast - a - way, ___ an
A year ___ has passed since I
Walked out this morn - ing, ___ I

is - land lost ___ at sea - o, ___ a - nuz - zer lone-
wrote my note, ___ but I should have
don't be - lieve ___ what I saw: A hun - dred bil-

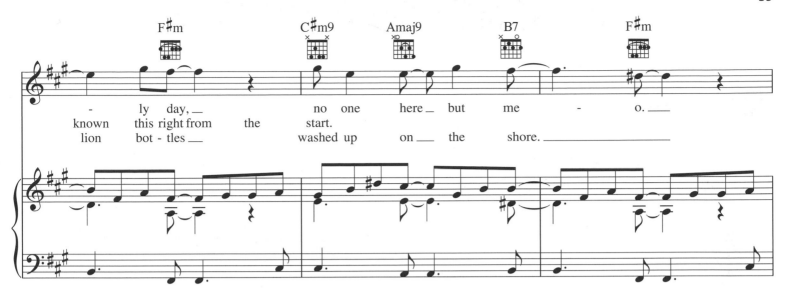

-ly day,   no one here   but me   o.
known this right from the start.
lion bot - tles   washed up on   the shore.

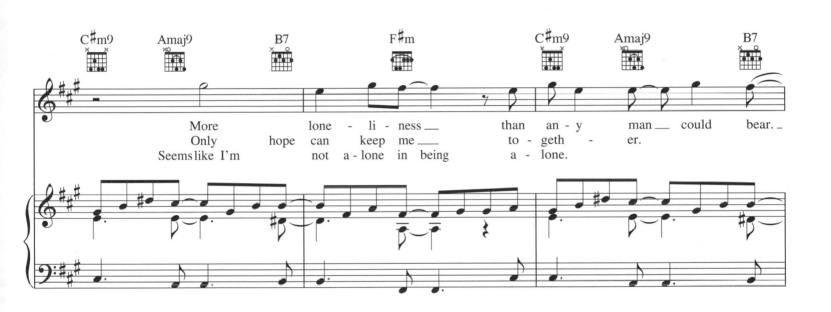

More   lone - li - ness   than an - y man   could bear.
Only hope can keep me   to - geth - er.
Seems like I'm not a - lone in being a - lone.

Res - cue me   be - fore   I fall
Love can mend   your life,   but love
A hun - dred bil - lion cast - a - ways   look

DON'T STAND SO CLOSE TO ME

Music and Lyrics by
STING

REGATTA DE BLANC

Music and Lyrics by ANDY SUMMERS
and STEWARD COPELAND

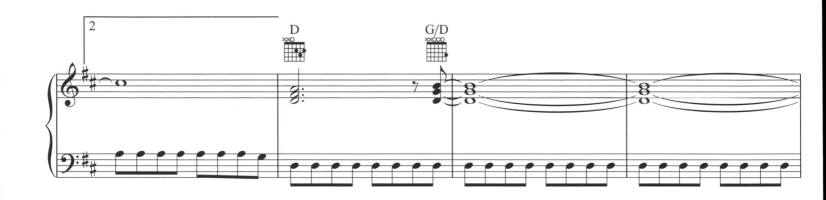

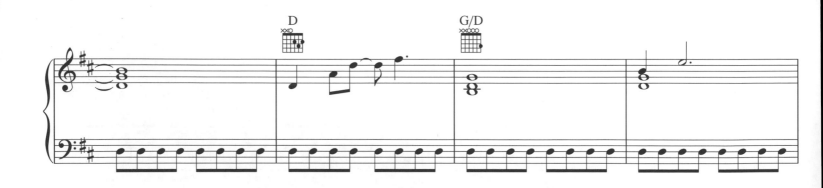

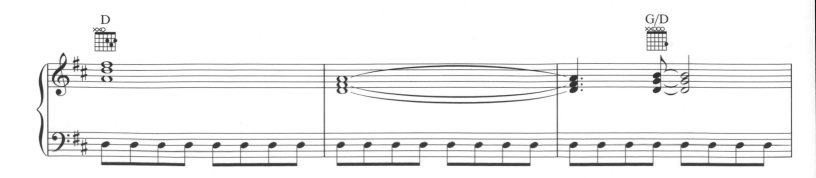

BRING ON THE NIGHT

Music and Lyrics by
STING

The af - ter - noon __ has get -
The fu - ture __ is but __

- tly passed me __ by, __
__ a ques - tion __ mark, __

the eve - ning spreads __ it's sail __ a - gainst __ the
hangs a - bove __ my head __ there in the

WALKING ON THE MOON

Music and Lyrics by
STING

Steadily

mf

(1.,D.S.) Gi - ant steps __ are what you take, walk - ing on __ the moon. __
(2.) Walk - ing back __ from your __ house, walk - ing on __ the moon,

I hope __ my legs don't break
walk - ing __ back legs from your house,

walk - ing on __ the moon. __
walk - ing on __ the moon. __

We could walk __ for - ev -
Feet they hard - ly touch

DRIVEN TO TEARS

Music and Lyrics by
STING

How can you __ say
that you're not __ re - spon - si - ble?
My

Hide my face in my hands,
shame wells in __ my __ throat. __

Pro - test is fu - tile,
noth - ing seems __ to get through. __

DE DO DO DO, DE DA DA DA

Music and Lyrics by
STING

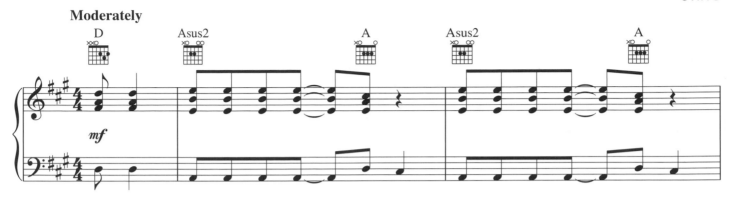

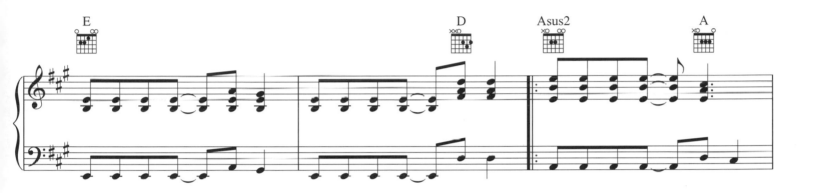

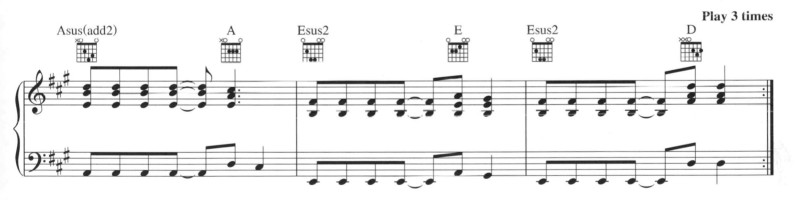

Play 3 times

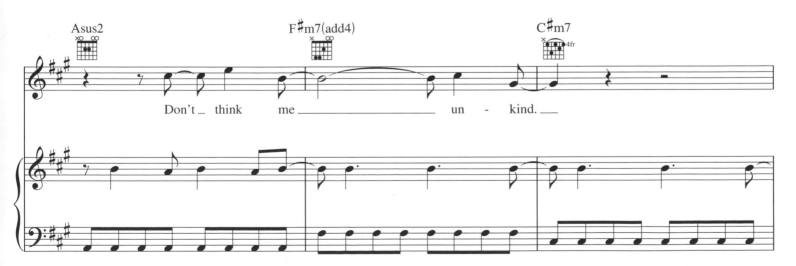

Don't _ think me _____ un - kind. _

CANARY IN A COAL MINE

Music and Lyrics by
STING

First to fall o - ver when the
You say you want to spend the
Now if I tell you that you

at - mos -'phere is less than per - fect, your sen - si - bi - li -ties are shak - en by the slight est de - fect.)
win - ter in Fi - ren - za, ___ you're so a - fraid to catch a dose of in - flu - en - za. ___
suf - fer from de - lu - sions, _ you pay your an - a - lyst to reach the same con - clu - sions. _

69

VOICES INSIDE MY HEAD

Music and Lyrics by
STING

* Recorded a half step higher.

Voic - es _____ in - side my head.

Ech - oes _____ of things that you

Repeat ad lib. and Fade

said. _____

INVISIBLE SUN

Music and Lyrics by
STING

Moderately

Ooh, _____ ooh. _____

Ooh, _____

I don't wan-na spend the

rest of my life _____ look-ing at the bar-rel of an Ar - ma - lite. _____

EVERY LITTLE THING SHE DOES IS MAGIC

Music and Lyrics by
STING

Though I've tried be-fore _ to tell _ her of the feel-
have to tell a sto - ry of a thou-

- ings I have for her in __ my __ heart, __
- sand rain - y days since we __ first _____ met? _____

ev - 'ry time __ that I __ come near __ her I __ just lose __
It's a big __ e - nough _ um - brel - la, but it's al -

SPIRITS IN THE MATERIAL WORLD

Music and Lyrics by
STING

Moderately

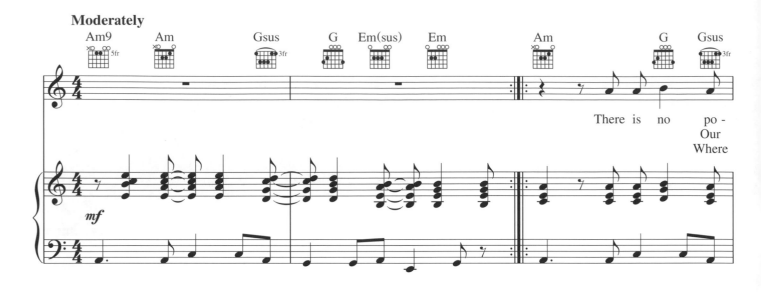

There is no po -
Our
Where

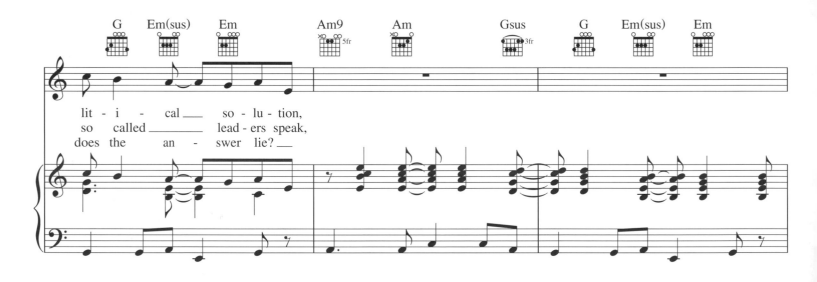

lit - i - cal ___ so - lu - tion,
so called ___ lead - ers speak,
does the an - swer lie? ___

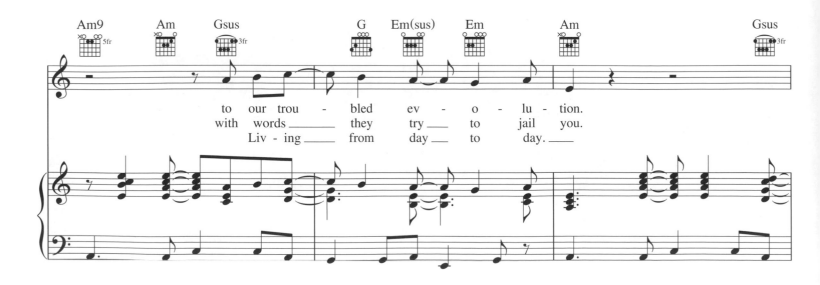

to our trou - bled ev - o - lu - tion.
with words ___ they try ___ to jail you.
Liv - ing ___ from day ___ to day. ___

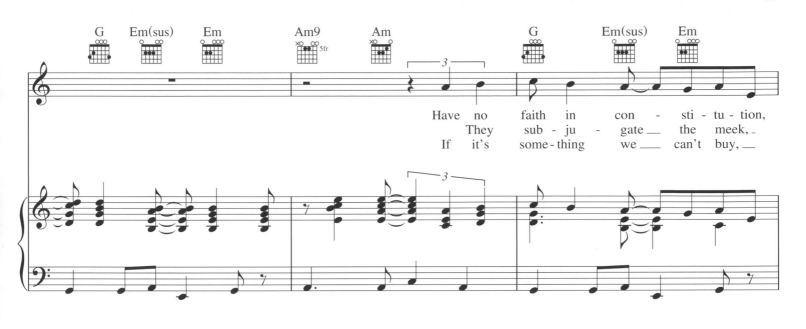

Have no faith in con-sti-tu-tion,
They sub-ju-gate ___ the meek, ___
If it's some-thing we ___ can't buy, ___

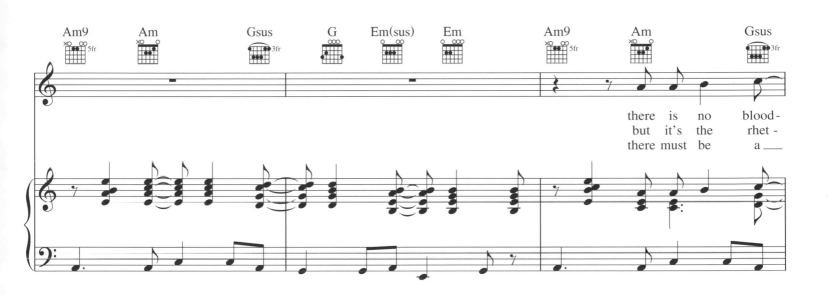

there is no blood-
but it's the rhet-
there must be a ___

To Coda ⊕

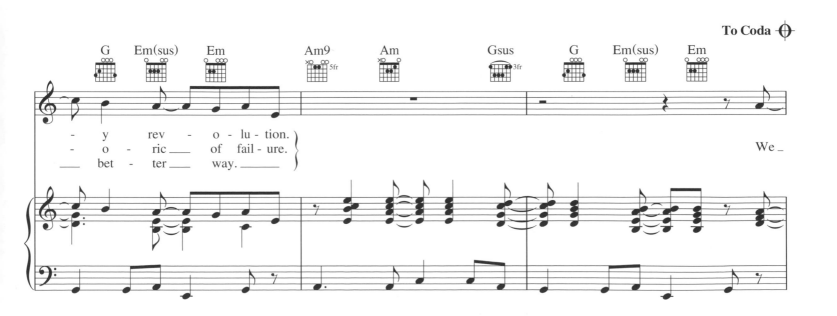

-y rev-o-lu-tion.
-o-ric ___ of fail-ure.
___ bet-ter ___ way. ___

We _

D.C. al Coda

CODA

____ are spir - its in the ma - ter - ial world, are spir - its

in the ma - ter - ial world, are spir - its in the ma - ter - ial world,

Repeat and Fade | **Optional Ending**

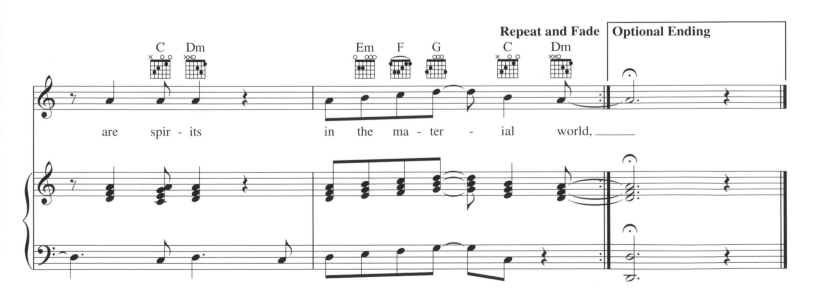

are spir - its in the ma - ter - ial world, ____

DEMOLITION MAN

Music and Lyrics by
STING

Tied to the tracks and the train's just
chair the ___ bomb is
walk-ing night - mare an
me like a moth to

com - ing, _____
tick - ing, _____
ar - sen - al of doom.
the flame, _____

strapped to the
this si - tu -
I kill ___
it's love you

line whip, _ I'm the sort of thing they ban, _____

I'm a walk - ing dis - as - ter, I'm a dem - o - li - tion ___ man. ___

SYNCHRONICITY

Music and Lyrics by
STING

Fast Rock

Play 4 times

With one breath, with one flow
If we share this night - mare

you will know Syn - chro - ni - ci - ty.
we can dream Spi - ri - tus mun - di.

A sleep trance, a dream dance,
If you act as you think,

SYNCHRONICITY II

Music and Lyrics by
STING

EVERY BREATH YOU TAKE

Music and Lyrics by
STING

Ev -'ry breath you __ take, ev - 'ry move you __ make,

*Recorded a half step higher

long for your __ em-brace. I keep cry - ing, ba - by, ba - by, please __

WRAPPED AROUND YOUR FINGER

Music and Lyrics by
STING

With movement

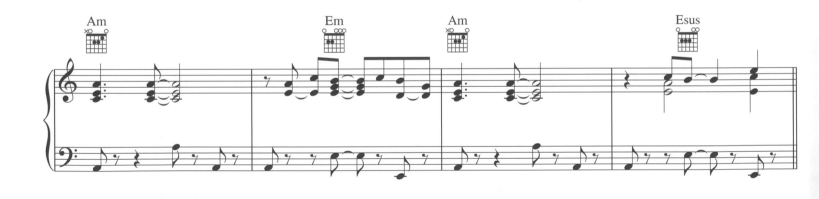

You con-sid-er me ____ the young ____ ap-pren-tice ____

I have on-ly come ____ here seek ____ -ing knowl-edge, ____

110

WALKING IN YOUR FOOTSTEPS

Music and Lyrics by
STING

say the meek shall in - her - it the earth. ____

They

Walk - ing in your foot - steps, ____

walk - ing in your foot - steps. ____

Repeat and Fade

KING OF PAIN

Music and Lyrics by
STING

Moderately fast

Play 3 times

There's a lit-tle black spot on the sun ___ to-day; ___ it's the same old thing ___ as ___ yes- -ter-day. ___ There's a

MURDER BY NUMBERS

Music and Lyrics by STING
and ANDY SUMMERS

Moderately

Once that you've de-cid-ed ___ on a kill-ing, ___

first you ___ make a stone of your heart. ___ And if you find that your hands ___ are still

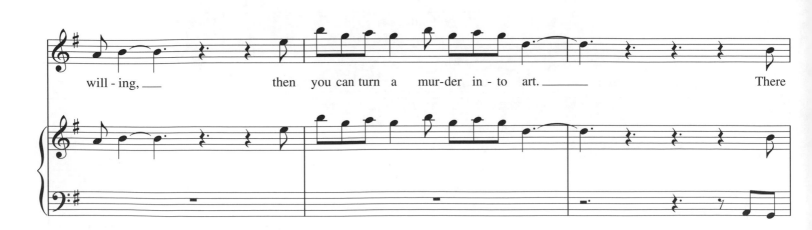

will-ing, ___ then you can turn a mur-der in-to art. ___ There

TEA IN THE SAHARA

Music and Lyrics by
STING